M. VENTURA

DOCTEUR ÈS LETTRES

Le Kalâm
et la Peripatétisme

d'aprés

le Kuzari

PARIS

LIBRAIRIE PHILOSOPHIQUE J. VRIN

6, place de la Sorbonne (V⁰)

1987

La présente édition est la reprise de l'édition parue en 1934 dans notre collection « Bibliothèque d'Histoire de la Philosophie ».

© Librairie Philosophique J. Vrin, 1987
ISBN 2–7116–0949-9

Pour les textes arabes transcrits en caractères hébraïques, le système suivant a été adopté :

ظ = פ' ; ث=ת' ; ج=נ' ; خ=כ' ; ذ=ד' ; ض=צ'

غ=ג' ; او=א' ; ح=ה'

LE KALAM ET LE PÉRIPATÉTISME D'APRÈS LE KUZARI

INTRODUCTION

Le présent travail a pour objet l'exposé de la partie critique du Kuzari. [1]

Si des théologiens juifs, antérieurs à J. Halléwi, tels que Saadia et Bahya, ont essayé de concilier la tradition juive avec certaines doctrines philosophiques en vogue dans leur temps ; si, en judaïsant certains principes rationnels, ils ont trouvé dans la philosophie un appui pour les dogmes de la religion juive ;

---

[1] Le livre du **Kuzari** nommé en arabe **Kitâb al-hudja wa'l-dalîl fi'l dîn al-dhalîl** (le livre de l'argumentation et des preuves, pour la défense de la religion dépréciée), en hébreu, **Sefer hakuzari,** est l'œuvre philosophique de Juda Halléwi (Abu'l-Hasan al-Lawi), poète et philosophe juif, né à Tolède, vers la fin du XIe siècle et mort vers 1140.

L'ouvrage fut rédigé en arabe. Il fut traduit en hébreu par Juda ibn-Tibbon, vers 1167.

La version d'ibn-Tibbon a été éditée plus de dix fois, avec ou sans commentaires. L'édition intégrale de l'original arabe est due à Hartwig Hirschfeld, Leipzig 1887.

Le kuzari a été traduit en latin par Buxtorf (1660), en espagnol par Jacob ibn-Dana (1663 et 1910), en allemand par Cassel (1853 et 1869) et par Hirschfeld (1885), en anglais également par Hirschfeld (1905).

Les versions d'Hirscheld seulement ont été faites sur l'original arabe, toutes les autres sont dues à la traduction hébraïque, qui est d'ailleurs défectueuse.

Disons en terminant qu'il a existé une autre version hébraïque, faite par Isaac Kardinal (au début du XIIIe siècle) et dont la préface et un fragment seulement ont été conservés et publiés dans l'édition de Cassel.

J. Halléwi, au contraire, s'efforça de se soustraire à toute influence étrangère et d'établir indépendamment de toute théorie philosophique le système du judaïsme.

A-t-il atteint ce but ? L'étude de cette question n'entre pas dans le plan de notre travail. Ici, nous nous proposons d'exposer la doctrine du kalâm et du péripatétisme, telles que l'auteur les a présentées, en y ajoutant les jugements qu'il a portés sur telle ou telle de ces théories.

Pourquoi J. Halléwi est-il en critique beaucoup plus sobre que son prédécesseur Saadia ? Pourquoi ne s'attaque-t-il qu'à un nombre si limité de systèmes ? Cela s'explique par le fait que, à l'époque de l'auteur du kuzari, il régnait moins de divergence d'opinions. La philosophie d'Aristote, en gagnant du terrain, laissait dans l'ombre un grand nombre des doctrines des anciens philosophes grecs, lesquelles ne cessaient d'agiter les esprits à l'époque de Saadia. Avec Fârâbi et Avicenne, tous les cercles philosophiques tendaient vers le Péripatétisme. La théorie des sphères même, quoique d'origine néo-platonicienne, n'avait cours que parce qu'elle était attribuée à Aristote.

Parmi les doctrines en vogue, la seule importante qui restait irréductible au péripatétisme, était le kalâm ; mouvement qui, même après le rude coup qui lui sera porté par Maïmonide, ne disparaîtra pas. En réfutant le péripatétisme et le kalâm, l'auteur du kuzari pouvait se vanter d'avoir réfuté toutes les doctrines importantes en vogue à son époque. Il attribue son argumentation au Rabbin juif qui aurait discuté avec le roi des khazares, d'où le nom du kuzari [2]. « Comme ses opinions m'ont satisfait, dit-il,

---

[2] L'ouvrage est rédigé sous forme de dialogue entre le roi des khazares et un rabbin juif invité à instruire le roi sur le judaïsme. On a affirmé que le docteur juif en question était le rabbin Isaac Sangari. Aussi trouve-t-on, dans certaines éditions hébraïques, l'inscription :

ספר הכוזרי יסדו ר' יצחק הסנגרי... חברו ר' יהודה הלוי

« Le livre du kuzari, dont les bases sont dues au rabbin Isaac Sangari et la rédaction à R. Halléwi. »

Il est évident que cette attribution ne répond pas à la réalité. Les

et qu'elles sont conformes aux miennes, je les ai exposées telles qu'elles ont été énoncées, que les hommes instruits comprennent » [3].

Dans les chapitres du kuzari, les questions que nous rapportons ici ne se trouvent pas exposées dans le même ordre, les auteurs orientaux du moyen âge se souciaient fort peu de nos exigences de méthode. Du moins, cette absence d'ordre est ici plus ou moins justifiée. Dans un ouvrage rédigé sous forme de dialogue, en vue de donner un aperçu à grands traits du judaïsme, l'auteur ne paraît pas avoir suivi d'autre règle que celle qui lui était indiquée par le tempérament de son interlocuteur imaginaire, le roi des khazares. Celui-ci, moins instruit que curieux, ne fait que donner son appréciation sur les théories exposées par le docteur juif et poser de nouvelles questions, le plus souvent imprévues et suggérées par une idée ou un mot contenus dans la réponse du docteur juif. Sous ce rapport, ce désordre a son charme. Nous pouvons même affirmer, si paradoxal que cela semble être, que ce désordre est l'ordre le plus naturel que l'on puisse suivre dans un dialogue de ce genre

Toutefois, un travail de coordination s'impose pour la netteté des doctrines y exposées. C'est ce que nous avons fait, pour ce qui concerne la matière qui intéresse notre sujet.

Nous avons suivi ici la même méthode que dans notre travail sur Saadia[4], en nous efforçant de donner une analyse fidèle des textes et en cherchant l'explication des passages obscurs dans d'autres textes du même auteur ou dans ceux d'autres

---

auteurs anciens avaient l'habitude d'attribuer leurs écrits à des penseurs antérieurs, qui avaient joui d'une réputation plus ou moins grande. Voir à ce sujet, la préface de l'édition hébraïque d'Israël Halléwi, Lemberg 1886.

[3]) **Kuzari** I, 1, dans l'édition hébraïque et arabe d'Hirschfeld, p. 3. Ce préambule manque dans le texte arabe.

[4]) Voir notre étude intitulée la **Philosophie de Saadia,** p. 34.

auteurs contemporains. Nous croyons qu'on a souvent tort de lire entre les lignes, lorsqu'il s'agit d'auteurs qui n'ont point ménagé les explications, voire les fréquentes répétitions.

Les citations occupent une place considérable dans ce travail. Nous les avons reproduites, tantôt pour indiquer une variante, tantôt pour proposer une correction et, dans quelques cas rares, pour fournir au lecteur le moyen de vérifier notre interprétation. Voilà pour l'objet et la méthode.

Avant d'aborder les textes du kuzari, nous croyons devoir faire quelques observations touchant certains points des doctrines discutées par l'auteur, en commençant par le kalâm.

Dans notre étude sur la philosophie de Saadia, nous avons consacré une place assez large à l'historique de ce mouvement. Nous y avons rapporté la discussion qui surgit entre Achari et son maître Djubbay, discussion qui aurait marqué l'origine du schisme acharite [5].

L'auteur du kuzari, ayant vécu environ 200 ans après Saadia, assista à un moment du mouvement kalamistique plus avancé et où les différences doctrinales entre Mutazilites et Acharites étaient mieux définies.

Un des points les plus importants qui les séparaient était celui du libre arbitre admis, sous certaines réserves, par les Mutazilites, et rejeté catégoriquement par les Acharites.

Un examen de cette controverse nous permettra de déterminer l'étendue de ce que nous devons considérer, dans ce travail, comme appartenant au kalâm.

En effet, il n'est pas facile d'isoler ici l'exposé du kalâm des

---

[5]) **Ibid** p.p. **60-61.**

opinions personnelles de l'auteur, et de celles d'autres philosophes [6]. L'exposé du kalâm commence au chapitre 15 du cinquième
traité du kuzari [7]. Mais où finit-il ? C'est ce qui n'est pas facile
à déterminer. Nous reconnaissons ici les arguments que les Mutakallimin, ou plutôt ceux d'entre eux qui se nommaient Mutazilites, ont produits pour établir le dogme de la création du monde
et certains attributs de Dieu. Mais cela ne fait qu'une partie de
la doctrine des Mutazilites. Car nous savons que ceux-ci étaient
nommés *Ashâb al-tawhîd wa'l-adl,* les partisans de l'*unité* et de la
justice parce qu'après avoir établi le dogme de l'unité de Dieu, ils
s'appliquaient à prouver sa justice, en démontrant que l'homme
est libre dans ses actes et que, par conséquent, Dieu n'est point
responsable des fautes commises par l'être humain.

---

[6]) L'auteur du Kuzari emploie parfois le mot **Mutakallim** (traduit
medabber, en hébreu) non pas dans le sens de partisan du kalâm, mais
dans le sens de philosophe. Voir **Kuzari V, 14 p. 328** :

סיעה אחת מהמדברים — שיעה אחד [י] אלמתכלמין

Ibid V. 1, p. 294 :

המדברים בדרך הנצחון — אלמתכלמין אלג'דליין

Il y est incontestablement question des philosophes. Hirschfeld, dans
sa version anglaise traduit pourtant ce deuxième cas par **Mutakallim**
et c'est là peut-être la cause de la confusion qui se produit, quand il
attribue dans l'introduction de sa version anglaise (p. 3) la théorie des
sphères de Fârâbi et d'Avicenne aux Mutakallimin. Il déclare ainsi, en
parlant de ceux-ci : **In further adopting the neoplatonian theorie of the
emanation of spheres they constructed a universe of the same aspect
as the Ptolemean system of planetary sphere.**

[7]) L'auteur appelle les Mutakallimin : **usuliyîn** ou **Ashâb ilm al-ka-
lâm.** Voir **Kuzari V, 15 p. 330.**

אלאוצליין והם אלמסמון   ענד אלקראין   חכמי שרשי האמונה והם הנקראים אצל
באצחאב עלם אלכלאם   הקראים בעלי חכמת הדברים

« Les **usuliyîn,** ceux que les karaïtes nomment les partisans de la science du kalâm.

L'auteur du kuzari consacre précisément une large place à l'étude de cette question, mais il fait dire à son interlocuteur qu'il s'agit ici des opinions personnelles de l'auteur [8].

En exposant le kalâm d'après le kuzari, devrions-nous nous borner aux quelques arguments portant sur la Création et les attributs divins et laisser de côté l'important passage touchant le libre arbitre comme faisant partie de la doctrine personnelle de J. Halléwi ? Nous ne le croyons pas. Quelle que soit la part qui revient à l'auteur dans ce passage, il mérite une place dans notre exposé, en tant qu'il constitue une réplique aux théories émises par les Acharites, ou les fatalistes en général, adversaires des Mutazilites.

On sait, en effet, que les Acharites et les fatalistes, en général, refusaient d'admettre que quelque chose se produise par une autre cause que Dieu. Autrement dit, ils niaient l'existence de causes intermédiaires. L'homme, disaient-ils, n'a aucun pouvoir de faire ou de ne pas faire ; toutes les choses sont nécessaires ou impossibles [9]. « Ce que nous appelons *possible,* ajoutaient-ils, comme par exemple que Zéid soit debout ou qu'Amr arrive, n'est possible que par rapport à nous, mais... par rapport à Dieu, il n'y a absolument rien de possible » [10]. Il n'est pas dans le pouvoir de

---

[8]) **Kuzari**, V, 19 p. 336.

ואני איני מבקש כי אם טעמך ואמונתך — ואנא לא אטלב אלא ד'וקך ועקידתך

« Je ne te demande que ton opinion et ta propre croyance. »

[9]) **AHRON B. ELIA, Etz Hayim** Ed. Delitsch p. 131 :

לא לפי דעת השעריה ששמים כל הדברים או מחויבים או נמנעים ומבטל טבע האפשר... ובעבור שבטלו טבע האפשר על כן לא הודו שהאדם בן בחירה ולא הניחו לו יכולת כלל אלא תלו העניינים לרצון השם היותם מחויבים או נמנעים.

« Non pas selon la doctrine des Acharites qui soutiennent que toutes les choses sont nécessaires ou impossibles... Et c'est parce qu'ils ont nié la nature du possible qu'ils ne reconnaissent à l'homme ni le libre arbitre ni un pouvoir quelconque ; mais faisant plutôt dépendre toutes choses de la Volonté de Dieu, ils les déclarent nécessaires ou impossibles.

[10]) **MAIMONIDE, Guide** éd. Munk III ch. 17 p. 120.

l'homme de se lever ou de s'asseoir, comme il n'est pas dans son pouvoir de devenir plus long ou plus court [11].

Quand je crois agiter ma plume par ma propre volonté pour rédiger ma pensée, voici ce qui se passe : « Dieu a créé quatre accidents qui ne servent point de cause les uns aux autres et qui ne font que coexister ensemble. Le premier accident, c'est ma volonté de mouvoir la plume ; le deuxième accident, c'est la faculté que j'ai de la mouvoir ; le troisième accident, c'est le mouvement humain lui-même, je veux dire le mouvement de la main ; enfin, le quatrième accident, c'est le mouvement de la plume » [12].

Telle est la doctrine que l'auteur du Kuzari réfutera avec vigueur en prenant une position plus conforme à celle des Mutazilites, défenseurs du libre arbitre. Voilà pourquoi nous avons consacré dans la première partie de ce travail un deuxième chapitre à l'exposé de la doctrine du libre arbitre ; le premier étant consacré aux problèmes de la création et des attributs divins. L'ensemble constitue ainsi la doctrine intégrale des Mutazilites. Voilà pour le kalâm.

Quant au péripatétisme, nous avons groupé, sous ce titre, tout ce que l'auteur du kuzari a attribué dans son ouvrage aux philosophes proprement dits, c'est-à-dire aux penseurs qui se réclamaient de l'école stagirite.

Dans un premier chapitre intitulé la Cosmologie, nous avons exposé les idées se rapportant à l'hylè, la forme, les quatre éléments naturels, la théorie des sphères, l'intellect actif et les rapports de Dieu avec le monde. Dans un second chapitre intitulé la

----

[11]) **AHRON B. ELIA**, Etz Hayim p. 115. L'auteur attribue cette opinion aux fatalistes connus sous le nom d'**al-Djahmiyya**.

שמשפט עמידתנו וישיבתנו כמשפט ארכנו ורחבנו והכל האלהים יעשה אותם

[12]) **Guide** I ch. 73, Voir aussi **Etz Hayim** p. 115 où la même opinion est attribuée à la secte des fatalistes **al-Djahmiyya**.

Première partie

LE KALAM

Chapitre Premier

L'EXISTENCE DE DIEU ET SES ATTRIBUTS

La doctrine kalamistique, pour démontrer l'existence de Dieu, commence par prouver la création du monde et par réfuter la doctrine qui affirme son éternité [1].

Voici les preuves que l'auteur du Kuzari attribue aux Mutakallimin à cet effet : [2]

1° Affirmer que le temps passé n'a jamais eu un commencement revient à dire que la série des individus, qui se sont succédé a travers le temps, est infinie. Or ce qui est infini est, par principe, irréalisable, autrement dit : l'infini ne peut point passer de la puissance à l'acte.

En effet, nous sommes capables de concevoir un nombre infiniment grand, mais un pareil nombre n'existe que dans notre pensée. Essayons de le réaliser, le nombre compté se trouverait être toujours limité. Il en est de même du nombre des révolutions des sphères effectuées à travers le passé. Il en est enfin de même des êtres individuels, qui se sont succédé dans le temps [3]. Le monde est donc créé.

---

[1] Voir notre étude sur Saadia p. 92.

[2] Les arguments suivants, portant sur la création du monde et les attributs de Dieu, se trouvent dans **Kuzari V 18**, Edit. arabe p.p. 331-337. Les chiffres placés en tête des arguments ne figurent pas dans le texte. Les trois premiers arguments sont d'ailleurs compris en un seul paragraphe.

[3] **Kuzari V, 15 p. 332.**
C'est l'argument qui repose sur la proposition XI des Mutakallimin, d'après Maïmonide, laquelle déclare l'inadmissibilité de l'infini par succession. **Guide I Ch. 74. VII.** Voir notre étude sur Saadia p. 105

2° Le nombre des révolutions des sphères, avons-nous dit, est limité : Voici ce qui prouve encore cette assertion :

Une grandeur infinie est au-dessus de tout rapport numérique. On ne peut pas concevoir, par exemple, le double, la moitié, un multiple ou un sous-multiple quelconque d'une grandeur infinie. Or, il est évident que le nombre des révolutions de la lune est douze fois plus grand que celui des révolutions du soleil. Pareils rapports peuvent être établis pour toutes les autres sphères, ce qui serait inconcevable, si ces nombres étaient infinis [4].

3° Nous constituons le dernier chaînon de cette chaîne d'êtres, qui se sont succédé dans le temps. Celle-ci a donc une fin, elle doit avoir un commencement aussi. Autrement, aucun individu ne saurait être appelé à l'existence, sans qu'un nombre infini d'individus se fût écoulé successivement avant lui et, par suite, aucun individu ne devrait exister [5].

4° Le monde, en tant qu'être matériel, est créé. En effet, la matière ne peut être conçue qu'en mouvement ou en repos. Ceux-ci sont des accidents nouveaux qui se succèdent alternativement. Le fait de leur succession même prouve que ces phénomènes sont

------

[4]) **Kuzari Ibid.**
Ibn Ruchd rejette cet argument en faisant remarquer que la constatation du rapport entre les mouvements de deux sphères, pendant une partie limitée de temps, ne permet pas d'affirmer un rapport entre les mouvements des mêmes sphères pendant la totalité du temps, vu que l'ensemble du temps est infini. **Tahâfut al-tahâfut** éd. du Caire p. 7.

פלים ילזם אן יתבע נסבה״ אלכל אלי אלכל נסבה״ אלג׳ז אלי אלג׳ז כמא וצ׳ע אלקום פי דליׁלהם

[5]) Hirschfeld a rendu les mots :

איך הגיע המספר אלינו — פכיף אנתהי אלעדד אלינא

par **how could (the idea of) number come to us** ; ce qui nous paraît inexact.

créés. Car, dans toute succession de phénomènes, il y a l'apparition du phénomène nouveau, d'une part ; la disparition de celui
qui cède sa place, d'autre part. Or, le phénomène qui apparaît
n'est évidemment pas éternel, puisqu'il n'existait pas avant son
apparition. Celui qui cède sa place ne l'est pas non plus, car s'il
était éternel, il ne saurait pas disparaître [6]. Il s'ensuit que les deux
phénomènes en question, à savoir le mouvement et le repos sont
créés.

---

[6]) **Kuzari** p. 334.

והחולף חדש כי אם היה היה קדמון לא היה ואלסאבק חאדת' לאנה לו כאן קאדימא נערד למא אנעדם

Cet argument suppose que les phénomènes qui se succèdent dans un
corps sont délimités, c'est-à-dire qu'un phénomène disparaît avant que
le suivant puisse paraître. C'est ce que Maïmonide fait ressortir en di-
sant à ce propos : **Guide** I Ch. 74, p. 122, trad. **MUNK** p. 437.

פאנהם יעדרון אשכ'אצהא אלמעדומה" ויתכ'ילון באנהא מוג'ודה" וכאנהא ד'את בר'אה"

« Ils comptent donc (partout) les individualités qui n'existent plus et se
les représentent comme si elles existaient et comme si c'étaient des choses délimitées ».

Munk a intercalé le mot **partout** dans la première phrase, parce
qu'il soutient (**Ibid.** note 1) que l'observation de l'auteur s'applique en
général aux différents cas énumérés plus haut. Il insiste, en outre, en
s'appuyant sur l'explication de l'auteur lui-même dans sa lettre à Sa-
muel ibn Tibbon, que par les mots וכאנהא ד'את בר'אה" et **comme
si c'étaient des choses délimitées**, l'auteur indique particulièrement les
révolutions des sphères célestes. Cela ne nous paraît pas nécessaire.
Nous croyons, au contraire, que l'auteur met ici en question la délimi-
tation des phénomènes successifs affirmée dans l'argument des Mutakallimin et rejetée par les philosophes, pour qui, cette succession est
comparable aux mouvements circulaires (מת'ל אלחרכאת אלדוריה")
et, par suite, sans solution de continuité entre les phénomènes.

La citation ci-dessous du karaïte Ahron ben Elia paraît confirmer
notre interprétation :

Etz Hayim, X p. 28.

וצריך להורות מקום הספק שיספק בעל ריבנו בזה המופת ולהשיב עליו להרחיק כל
סותר: כבר ידעת שהחמר תמיד פושט צורה ולובש צורה ואין לנו חמר בלי צורה
אמנם הן חוזרות חלילה בסבוב בזה החמר ואין תכלית להן על צד בא זה אחר זה.

« Il faut que nous indiquions le point faible de cet argument, donnant

Or, il est évident que toute substance, qui ne peut pas être exempte d'accidents est créée[7], puisqu'elle ne peut pas précéder les accidents[8] (son existence, sans eux, étant inconcevable). Les accidents étant créés, la substance qui les porte l'est aussi. Donc le monde est créé.

Le fait de la création implique l'existence d'un Créateur. En effet, la création d'un être se trouve avoir lieu en un certain moment, à l'exclusion de tout autre moment possible. Il faut, par conséquent, admettre l'existence d'une cause qui ait spécifié ce moment[9]. Donc Dieu existe.

---

lieu à une objection de notre adversaire, et que nous réfutions cette objection, afin d'écarter toutes sortes de contradiction :

Tu sais déjà que la matière se dégage d'une forme pour revêtir une autre, de façon qu'il n'y a jamais de la matière sans forme. Car les formes se succèdent circulairement dans la matière sans être délimitées, c'est-à-dire que l'apparition de l'une n'est point précédée de la disparition de l'autre ».

Voici la réfutation que l'auteur Karaïte oppose à l'objection des philosophes :

ואנחנו לא כן נאמין מפני שכל צורה הוה כבר קדם לה ההעדר

« Nous ne croyons pas ainsi, car chaque forme existante ne survient qu'après l'anéantissement » (de la forme précédente).

[7]) Comp. Etz-Hayim X p. 28.

ולשון חכמינו בזה כי כל דבר שלא יתערה מדבר חדש יתחיב שיהיה חדש כמהו

Voir aussi notre étude sur Saadia p.p. 102-103.

[8]) **Kuzari** p. 334.

כי לא קדם לחדושים — אדי לם יסבק אלחואדת'

La version d'Hirschfeld : **because it could not have been preceeded by its accessories** est inexacte.

[9]) Argument reposant sur la dixième proposition des Mutakallimin, d'après Maïmonide, dite   טריק אלתכ'ציץ   **méthode de la détermination** ou   טריק אלתגּ'ויז אלד'הני   **méthode de l'admissibilité rationnelle.** Guide I ch. 74, p. p. 426...

Voir aussi **Etz-Hayim** ch. XI.

L'existence de Dieu étant démontrée, il y a lieu de connaître ses attributs :

Dieu est éternel. Son existence n'a pas de commencement dans le temps [10].

En effet, s'il était créé, il aurait un créateur et celui-ci devrait avoir été créé par un autre créateur. Une chaîne de causes et d'effets [11], allant jusqu'à l'infini, est inconcevable. Nous devrions aboutir forcément à une cause qui n'est pas l'effet d'une autre cause ; à un Créateur qui n'est pas créé, ce qui est précisément l'objet de notre recherche.

Dieu est perpétuel, son existence n'a pas de fin dans le temps.

En effet, tout ce qui est éternel est aussi perpétuel. Car de même que le passage du néant à la création implique une cause ; la disparition de l'être déjà existant en implique aussi une [12].

---

[10]) **Kuzari Ibid**

אללה אלאזלי קדים לם יזל   [סר] האלהים קים קדמון לא (יחליף)

Hirschfeld a traduit **without beginning and without end**. En fait, l'attribut de perpétuité fait l'objet de la proposition suivante.

[11]) **Kuzari ibid.**

ויסתלסל ד'לך אלי מא לא נהאיה" ולא   וזה משתלשל אל מה שאין לו תכלית ולא
יתחצל אן ינתהי אלי מחדת' קדים   יובן עד שיגיע אל מחדש קדמון

La version d'Hirschfeld : **This would result in a chain of conclusions without end,** ne laisse pas voir la force de l'argument.

[12]) **Kuzari Ibid.**

לאן חדית' אלעדם מחתאג' אלי סבב כמא   כי חדוש הנעדר צריך אל   כונה כמו
אן עדם אלחדת' מחתאג' אלי סבב   שהעדר החחש צריך אל סבה

Nous croyons pouvoir corriger, d'après le contexte, de la façon suivante :

לאן עדם אלחדית' מחתאג' אלי סבב   כי העדר החדש צריך אל סבה כמו שחדוש
כמא אן חדת' אלעדם מחתאג' אלי סבב   הנעדר צריך אל סבה

La version anglaise d'Hirschfeld : **Non existence must have a cause just as the disappearance of a thing from existence must also have a cause** semble être une simple tautologie.

Or, un objet ne peut pas être lui-même la cause de son anéantissement. Par ocnséquent, Dieu ne peut pas être la cause de sa propre disparition. Admettons que cette cause destructive existe hors de lui, celle-ci, qu'on la suppose identique à la substance de Dieu ou différente de celle-ci, n'a pas sa raison d'être. Car si elle était identique, elle se confondrait avec la substance divine ; les deux substances ne feraient qu'une seule. Si, au contraire, elle était d'une nature différente, elle serait créée en vertu du caractère distinctif qui la sépare de Dieu dont l'éternité a été déjà prouvée.

Supposons qu'un objet créé soit la cause de cet anéantissement, cela est inadmissible, car une telle cause, en tant qu'être créé, n'est qu'un effet de l'Etre éternel et il est inconcevable que l'effet anéantisse sa cause. Donc Dieu est perpétuel [13].

Dieu n'est pas un corps, car aucun être corporel n'est exempt de nouveautés. Or, ce qui n'est pas exempt de nouveautés est lui-même créé. Donc Dieu en tant qu'éternel ne peut pas être un être corporel.

Dieu n'est pas un accident [14].

En effet, un accident repose sur un corps qui en est la cause. Autrement dit : l'accident dépend du corps dont il est l'attribut. Or Dieu est au-dessus de toute limite, de toute dépendance et de toutes les catégories qui caractérisent les corps. Donc Dieu n'est pas un accident.

---

[13]) **Kuzari Ibid.**

[14]) **Kuzari Ibid.** Littéralement : « Il (Dieu) ne peut pas être nommé accident »

ומן אלמחאל תסמיתה ערצ'א   ומן השקר שיקרא מקרה

La version de l'édition Cassel, (p. 412) ומן השקר שיקרהו מקרה qui change complètement le sens de la proposition ne paraît pas soutenable. Après avoir démontré dans la proposition précédente que Dieu est exempt d'accident, l'auteur démontre ici que Dieu n'est pas lui-même un accident. C'est pourquoi nous avons séparé cet argument du précédent, bien que dans le texte ces deux arguments soient présentés ensemble.

Dieu connaît tout, rien ne peut lui échapper, vu que c'est lui qui a créé et organisé tout.

Dieu est vivant. En effet, les attributs de la science et de la puissance que l'on attribue à Dieu impliquent la vie. Toutefois, celle-ci n'est pas caractérisée, comme la nôtre, par le mouvement et la sensation. Sa vie est l'intelligence pure qui n'est autre chose que son essence [15].

La volonté est un attribut qui convient à Dieu.

En effet, rien de ce qu'il a créé n'est nécessairement déterminé. Dieu pouvait annuler, modifier ou remettre à un autre temps sa création ; il y a là, par conséquent, une volonté déterminante. D'aucuns disent que l'attribut de la science dispense Dieu des attributs de la puissance et de la volonté ; car sa science, à elle seule, détermine les circonstances du temps et du mode de la création [16]. Or cette opinion est conforme à ce que disent les philosophes à ce sujet [17].

La volonté de Dieu est éternelle et conforme à sa science. Rien en Dieu ne peut être modifié. Dieu vit par sa propre vie, qui est son essence même et non pas par une vie acquise. On peut dire, dans le même sens, qu'il est puissant par sa puissance et voulant

---

[15]) **Kuzari Ibid.**

[16]) **Kuzari Ibid** p. 336

כי מדעו מיוחד לכל אחד משני [העתים   אד'   עלמה   סכ'צוץ לאחד וקתין ואחד
ולכל אחד משני] ההפכים   אלצ'דין

[17]) Comp. **Etz-Hayim** p. 129

ובזאת האמונה השכל מעיד היות פעולות השם נמשכת אחרי החכמה
ואם כן אין פעולותיו לרצון לבד...

« D'après cette doctrine, la raison affirme que les actions de Dieu découlent de la Science. ... Dans ce cas elles ne dépendent pas de la Volonté seulement ».

par sa volonté, mais on ne peut pas affirmer que Dieu est puissant sans puissance, car cela implique une contradiction dans les termes [18].

Telles sont les vues que J. Halléwi attribue aux Mutakallimin, sur la création et les attributs de Dieu. Inutile de faire remarquer qu'il s'agit ici de ceux d'entre eux qui se nommaient Mutazilites et que l'exposé de ce chapitre correspond à ce que ces rationalistes arabes présentaient sous le titre : *Bâb al-tawhîd* (le chapitre sur l'unité). L'auteur semble avoir une certaine préférence pour les opinions d'Abu Hudayl. C'est lui, en effet, qui, réagissant contre la conception trop abstraite de Wasil ibn Ata, avait donné ces précisions touchant les attributs de Dieu [19]. C'est encore lui qui avait réduit le nombre de ces attributs en ramenant la volonté à la science [20]. On sait qu'Abu Hudayl était un kadarite ; c'est-à-dire qu'il professait le libre arbitre. Le chapitre suivant, traitant ce sujet, correspond à ce que les Mutazilites présentaient sous le titre : *Bâb al-adl* (chapitre de la Justice).

---

[18]) **Kuzari, Ibid**

ולא יאמר עליו יכל [בלא יכולת] — פלא יקאל קאדר בלא קדרא

[19]) Voir notre étude sur Saadia p. 59.

[20]) **Ibid.**

Chapitre Deuxième

LE LIBRE ARBITRE

Nous avons esquissé, dans notre introduction, le point de vue des Acharites, adversaires des Mutazilites, quant à la nécessité des choses existantes. Il n'y a pour eux que des choses nécessaires ou des choses impossibles. Le possible, pour eux, est inconcevable.

D'après Ahron b. Elia, ce qui les conduit à nier le possible, c'est le dogme de la prescience divine. Puisque Dieu prévoit tout il faut que toute chose dont il eut prévu l'existence soit nécessaire et que toute chose dont il eut prévu la non existence, soit impossible[1]. Telle est la thèse des Acharites ; l'exposé que l'on va lire en est l'antithèse.

Tout dans la nature n'est pas nécessairement déterminé. Il reste au contingent un certain domaine, où les événements déroulés entrent dans la catégorie du possible.

Celui qui prétend nier ce fait n'est qu'un pervers qui aime dissimuler ses sentiments. Il suffit de l'observer au moment où il prend des précautions en vue d'atteindre un but désiré ou d'éviter un danger redouté, pour se rendre compte qu'au fond il croit que l'événement n'est que possible. Car s'il le croyait nécessaire et inévitable, il ne se donnerait pas la peine de prendre aucune

---

[1] **Etz-Hayim** p. 131.

והעלה אשר הכריחה אותם להאמין בזאת האמונה היא בעבור שהם אומרים אם
השם ית' יודע לנפשו ולא יסכל בשום ענין הנה בדבר שקדמה לו הידיעה בו להיות
יהיה ואם קדמה לו הידיעה שלא יהיה לא יהיה אם כן על כל פנים הוא מחויב או
נמנע

« La cause qui les a déterminés à admettre cette doctrine est la suivante : Ils disent que, si Dieu connaît tout par lui-même et n'ignore rien, il faut qu'une chose existe par le fait même que Dieu prévoit son existence ; et qu'une autre chose n'existe pas par le fait que Dieu prévoit sa non existence. Tout est donc nécessaire ou impossible ».

précaution. Il accepterait avec résignation la fatalité. Il ne s'armerait pas pour se défendre contre l'ennemi et ne préparerait pas des provisions, pour lutter contre la faim. Si, en fait, il admet que de telles précautions sont nécessaires à ceux qui sont exposés à l'ennemi et à la faim [2], mais inutiles à ceux qui ne le sont pas, il reconnaît implicitement qu'il existe des causes intermédiaires, des facteurs qui influent sur la marche des événements, parmi lesquels se classe sa propre volonté [3]. Il se sentira ainsi placé entre lui-même et sa propre volonté, pour tout ce qui est du domaine du possible, autrement dit, pour tous ces actes que l'homme peut exécuter ou dont il peut s'abstenir.

Cette liberté de l'homme d'agir ou de ne pas agir ne porte aucunement atteinte à l'omnipotence divine. En effet, toutes les actions peuvent être attribuées à Dieu, en tant qu'expressions immédiates ou médiates de sa volonté [4].

---

[2]) **Kuzari V, 20 p. 336.**

פאן זעם אן ד'לך אלאסתעדאד צ'רורי איצ'א למן יסתעד ותרך אלאסתעדאד צ'רורי למן לא יסתעד פקד אקר באלאסבאב אלמתוסטה"
ואם יאמר כי הזמן ההוא צריך למי [שיזדמן ועזוב הזמן צריך למי] שלא הזדמן כבר הודה בסבות אמצעיות

La phrase hébraïque entre crochets manque dans l'édition de Cassel.

[3]) **Kuzari Ibid**

וסיצאדף אלאראדה" פי ג'מלה" אלאסבאב אלמתוסטח"
והוא ימצא בעתיד החפץ בכלל הסבות האמצעיות

La version d'Hirschfeld : **He will encounter his desire in very intermediary cause**, nous paraît inexacte.

[4]) **Kuzari p. 338**

אקול אן ג'מיע אלמעלומאת מנסובה" אלי אלעלה" אלאולי
ואומר כי כל הידיעות מיוחסות לעלה הראשונה

D'après cette version, toutes les connaissances se rapportent à Dieu et d'après Hirschfeld, « toute chose dont nous sommes conscients... »

Cassel parle d'une variante עלולים au lieu de ידיעות laquelle nous a paru plus exacte. Le mot מעלומאת doit être l'effet d'une erreur de copiste du mot מעלולאת

!!!! IMPORTANT ---- PLEASE READ !!!!

The quality of this book is not up to normal supplier standards.

_____X_____ This is the best copy available.

_____ This is an imported book and difficult to obtain.

Therefore, we are supplying it in this condition for your inspection. Please feel free to return, if it is unacceptable.

----- ALERT-----